Teen G3 1, 2단계(복음+전도) 시리즈 1

The Great God's Grace

청소년공동체 바로세우기

친구야! 기쁜소식을 전해줄게! Start!

학생용 교재

정신일 목사

크리스천리더

[추천사]

현재 이 시대에 가장 시급한 과제가 있다면 다음 세대(next generation)에게 하나님의 말씀을 심는 일입니다. 무엇보다 성경에 기초한 기독교 교리를 청소년 시기에 심는 일은 매우 중요한 과제입니다. 누구나 알고 있는 이 분명한 방향 앞에 말씀을 체계적으로 그리고 쉽고 재미있게 심어주는 일은 결코 쉽지 않습니다.

그런 의미에서 성경을 바탕으로 기독교 교리를 쉽게 가르칠 수 있도록 계발한 이 책은 매우 유용할 것으로 확신합니다. 또한 현장에서 섬기는 청소년 사역자들의 생생한 가르침이 녹아들어 청소년들을 세워나가는 일에 큰 도움이 될 것입니다. 지금 바로 사역의 현장에서 활용할 수 있는 이 책을 모든 청소년 사역자들과 교회학교 중고등부 교사들에게 기꺼이 추천합니다.

– 황성건 목사 (사/청소년선교횃불 대표, 제자로교회 담임, 국제코스타 강사)

[저자서문]

한번은 길을 걷고 있는데 고등학생으로 보이는 한 학생이 머뭇거리다가 제게 다가오더니 만원짜리 한장을 건내며, "아저씨, 죄송한데 담배 한 갑만 부탁드릴게요." 라고 하는 겁니다. 저는 너무 황당해서 "내가 너희 부모님께 전화해서 허락하시면 사줄게."라고 대답했습니다. 그랬더니 그 학생은 나름 눈치를 채고 "죄송합니다."하며 가더라고요. 그 학생이 사라진 후 저는 화가 나기보다 짠한 마음과 아쉬운 마음이 묘하게 교차했습니다. 분명 요즘 시대의 청소년들은 기성 시대 때와는 판이하게 다르지만 그때나 지금이나 여전한 것은 학생들이 대학 진학에 목을 메고 있다는 것입니다.

때로는 이들이 대안도 없어 보이고, 겉듣는 것 같고, 아무리 권면하며 가르쳐도 가슴에 새기지 않는 굳어진 강철 심장을 가진 것 같습니다. 그래서 자주 절망하고 포기하고 싶은 마음이 들기도 합니다. 그렇다면 이들의 얼어붙은 가슴을 어떻게 녹일 수 있을까? 너무나도 당연한 이야기이지만, 오직 하나님의 말씀 밖엔 없습니다.

이 교재가 지향하는 것은 지식교육이 아닙니다. 하나님을 향한 믿음과 사상으로 무장시키는 교육입니다. 절대로 논리적이고 과학적이며 합리적인 판단을 요구하는 가르침이 아닙니다. 습관을 위한 교육이며 '왜?', '어떻게?' 에 대한 답을 제시하려 나름대로 몸부림친 결과입니다. '왜 예수를 믿어야 하는가?', '예수 믿는 자로 어떻게 살아야하는가?' 에 대한 답을 찾는 과정이라 생각하시면 될 것 같습니다.

G3 시스템은 제 목회의 종합적인 커리큘럼이기도 합니다.

G3는 (The Great God's Grace)의 약자로 "위대한 하나님의 은혜"라는 뜻인데 모든 배움의 모토가 오직 하나님의 은혜 안에 있음을 고백합니다.

이 교재는 Teen G3 1, 2단계(복음+전도)로 Teen G3 0단계 1~4권을 마치고 난 이후에 사용하는 교재입니다. 하지만 이 교재를 먼저 선택해도 큰 무리는 없습니다.

Teen G3 1, 2단계(복음+전도)는 **오직 예수, 오직 복음, 오직 하나님의 은혜**만 드러내고 싶은 의도가 담겨 있습니다.

이 땅의 모든 청소년들이 주님 품으로~ 저자 기쁨의 교회 정신일 목사

청소년 공동체 바로 세우기

Teen G3 1, 2단계(복음+전도) 시리즈 1 [학생용 교재]

친구야! 기쁜소식을 전해줄게!

초판 1쇄 발행 | 2015. 10. 30
초판 1쇄 인쇄 | 2015. 10. 30
지은이 | 정신일
연구위원 | 천준호 목사(수원화평교회)
송지헌 목사(함께하는교회)
석인욱 목사(남양주우리교회)
펴낸 이 | 정신일
펴낸 곳 | 크리스천리더
편 집 | 성주희
교 정 | 이지선
일부 총판 | 생명의 말씀사 (02) 3159-7979
등 록 | 제 2-2727호(1999. 9.30)
주 소 | 부천시 원미구 중동 1289번지 팰리스카운티 아이파크상가 3층
전 화 | (032) 342-1979
팩 스 | (032) 343-3567
도서 출간 상담 | E-mail:chmbit@hanmail.net
Homepage | cjesus.co.kr/juwana.co.kr

ISBN : 978-89-6594-162-0 04230
ISBN : 978-89-6594-123-1 (세트)

정가 : 2,800원

[청소년 성경공부의 특징]

첫째, 가장 복음적인 메시지로 꾸몄다.

성경공부를 한다는 것은 너무나도 광범위하고 다양하기 때문에 어느 곳에 초점을 맞추는가가 중요하다. 이 교재는 **G3 1, 2단계**(복음+전도)로 복음을 알고 복음을 전하는데 초점을 맞추어 기획되었다. 복음은 아는데에 머물러선 안 된다. 복음은 반드시 행동으로 옮겨야한다. 그 행동으로 옮겨지는 것이 곧 전도이다. 특별히 이번 교재를 통해 내 친구를 어떻게 전도해야 할지 구체적으로 고민하고 기도하고 실천하는 훈련이 있기 바란다. 이 교재 역시 가장 복음적인 메시지로 꾸며졌다.

둘째, 주제가 분명하고 명료하다.

매 과마다 전혀 새로운 주제로 넘어가기보다 간단하면서도 반복적인 것이 이 교재의 특징이다. 또한 모든 과에서 예수 그리스도의 복음과 구원의 확신이 흐르도록 기획하였다.

셋째, 모든 내용은 말씀의 근거로 기획되어있다.

신앙생활에 가장 중요한 것은 말씀의 근거이다. 이 교재는 어떤 질문과 답에 대하여 반드시 성경말씀을 근거로 하였고, 그 말씀의 구절을 기록하였다.

넷째, 바이블 스토리텔링을 통해 성경의 주요내용을 쉽게 전달하였다.

오랫동안 기억에 남는 것은 결국 스토리이다. 지식적이거나 교리적인 접근을 피하여 성경적 지식 전수보다 성경을 이해하는데 초점을 두었다. 또한 우리가 신앙인으로 실천해야 할 분명한 이유를 성경적으로 제시하였다.

다섯째, 생각하고 토론하고 실천하는데 집중하였다.

성경은 늘 우리에게 실천의 문제를 던져주고 있다. 충분히 생각하고 묵상하고 이해해야 한다. 또한 자연스러운 토론과 실천의 과정을 갖게하여 생활 속의 믿음으로 성장시키는데 초점을 맞추었다.

Teen G3 0단계 1~4권

1권 **믿음생활 시작하기 Start!** (믿음의 기초 이해하기)
2권 **복음의 기초 다지기 Start!** (죄와 구원)
3권 **믿음의 습관 길들이기 Start!** (다양한 관계 속에서 믿음생활)
4권 **성경인물 따라하기 Start!** (믿음생활을 배우고 삶 속에 적용하는 과정)
총 4권 48과로 1년동안 배울 수 있도록 기획하였습니다.

Teen G3 1, 2단계 [복음+전도]

1권 **친구야 기쁜소식을 전하고 싶어 Start!**(복음을 알고 복음을 전하자)

Teen G3 3, 4단계 [양육+리더]

- 57페이지 전체 커리큘럼을 참고하세요.

청소년 공동체 바로 세우기 Teen G3 1, 2단계 성경공부 시리즈

교재의 구성과 사용법

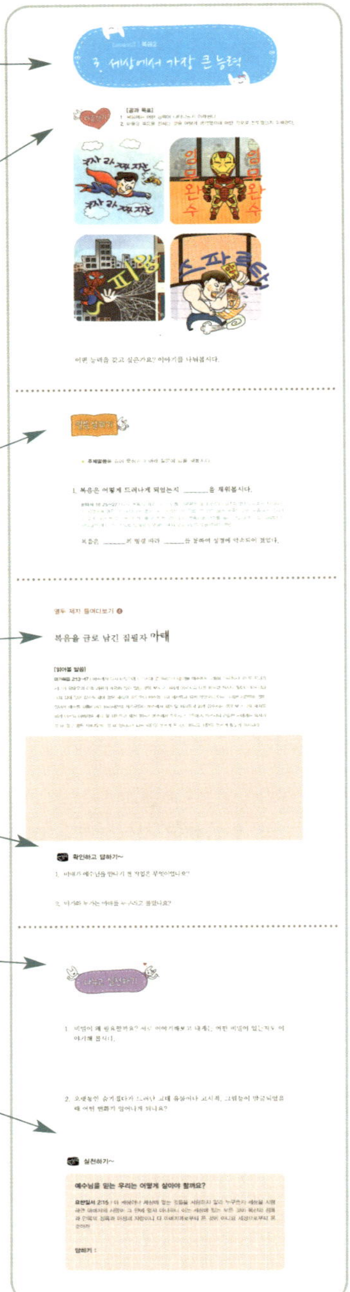

제목, 공과목표
매 과에 제목과 공과목표를 볼 수 있도록 기록하였다.

마음열기
매 과의 주제와 그에 맞는 삽화가 수록되어 있다. 생각해 볼 수 있는 간단한 질문을 통해 서로 이야기를 나누며 좋은 분위기를 만들어 본다. 한 두마디라도 서로의 생각을 나누는 것이 중요하다.

말씀살피기
매 과마다 주제 말씀이 기록되어 있고 말씀을 근거로 질문에 답을 하도록 구성하였다. 문제에 대한 답을 기록하지만, 정답을 맞추는 것이 중요한 게 아니라 그 문제가 의도한 바를 잘 이해하는 것이 중요하다. 성경이 말하는 생각의 틀을 바꾸는 것이 중요한 것이다.

[바이블스토리텔링] 12제자 들여다보기
매과마다 나오는 예수님의 제자들 이야기를 선생님으로부터 듣고 질문에 답을 기록한다. 예수님의 12제자는 복음을 배우고 실천하며 전도했던 자들이다. 제자들의 삶을 들여다보며 우리가 어떻게 신앙생활 해야할지 실천적인 문제를 생각해본다.

확인하고 답하기~
선생님이 들려주시는 12제자를 듣고 질문에 답을 해본다.

나누고 실천하기
한 과를 마무리하면서 이야기를 나누고 실천해야 할 사항들을 확인하고 서로 토론하는 부분이다.

실천하기
'예수님을 믿는 우리는 어떻게 살아야할까요?' 라는 질문과 매주 다른 실천적인 성경구절이 기록되어있다. 기록된 요절말씀을 묵상하며 예수믿는 자로 어떻게 행동하고 실천해야 할지 서로 이야기 해보고 다짐하는 시간을 갖는다.

Contents

Lesson1 | 그리스도인

1. 나는 그리스도인인가?

마음열기

[공과목표]

1. 예수님 믿는 자를 '그리스도인'이라고 불리워진 유래를 알아본다.
2. 그리스도인으로서 어떻게 행동해야할지 알아본다.

계획만 세우고 끝까지 실천하지 못했던 일들이 있나요?
서로 이야기를 나눠봅시다.

말씀 살피기

1. 예수님을 믿는 자들을 '그리스도인' 이라고 제일 처음 불리워진 곳은 어디인가요? (행11:25~26)

사도행전 11:25~26 | 바나바가 사울을 찾으러 다소에 가서 만나매 안디옥에 데리고 와서 둘이 교회에 일년간 모여 있어 큰 무리를 가르쳤고 제자들이 안디옥에서 비로소 그리스도인이라 일컬음을 받게되었더라

2. 그리스도인은 어떤 사람입니까?

마태복음 4:17 | 이때부터 예수께서 비로소 전파하여 가라사대 회개하라 천국이 가까 왔느니라 하시더라(마태복음 4:17)

로마서 10:9 | 네가 만일 네 입으로 예수를 주로 시인하며 또 하나님께서 그를 죽은 자 가운데서 살리신 것을 네 마음에 믿으면 구원을 얻으리니(마태복음 4:16)

마가복음 10:21 | 예수께서 그를 보시고 사랑하사 가라사대 네게 오히려 한 가지 부족한 것이 있으니 가서 네 있는 것을 다 팔아 가난한 자들을 주라 그리하면 하늘에서 보화가 네게 있으리라 그리고 와서 나를 좇으라 하시니

1) 그리스도인은 자신의 죄를 깨닫고 __________하는 사람입니다.

2) 그리스도인은 예수님을 믿고 __________받은 사람입니다.

3) 그리스도인은 예수님을 __________사람입니다.

사랑의 전달자 안드레

읽어볼 말씀

요한복음 1:37~42 | 두 제자가 그의 말을 듣고 예수를 따르거늘 예수께서 돌이켜 그 따르는 것을 보시고 물어 이르시되 무엇을 구하느냐 이르되 랍비여 어디 계시오니이까 하니 (랍비는 번역하면 선생이라) 예수께서 이르시되 와서 보라 그러므로 그들이 가서 계신 데를 보고 그 날 함께 거하니 때가 열 시쯤 되었더라 요한의 말을 듣고 예수를 따르는 두 사람 중의 하나는 시몬 베드로의 형제 안드레라 그가 먼저 자기의 형제 시몬을 찾아 말하되 우리가 메시야를 만났다 하고 (메시야는 번역하면 그리스도라) 데리고 예수께로 오니 예수께서 보시고 이르시되 네가 요한의 아들 시몬이니 장차 게바라 하리라 하시니라 (게바는 번역하면 베드로라)

확인하고 답하기~

1. 안드레의 별명은 무엇이었고 그 이유는 무엇입니까?

2. 안드레가 고문을 당한 이유는 무엇이었습니까?

나누고 실천하기

1. 그리스도인답게 행동했던 적이 있습니까? 그리스도인답게 행동한 적이 있다면 이야기해보고, 또한 그리스도인답게 행동하지 못했던 적이 있다면 이 또한 이야기를 나누어 봅시다.

2. 예수믿는 나로서 가장 부족한 부분이 있다면 서로 이야기를 나눠봅시다.

실천하기~

예수님을 믿는 우리는 어떻게 살아야 할까요?

마태 5:13~14 | 너희는 세상의 소금이니 소금이 만일 그 맛을 잃으면 무엇으로 짜게 하리요 후에는 아무 쓸 데 없어 다만 밖에 버려져 사람에게 밟힐 뿐이니라 너희는 세상의 빛이라 산 위에 있는 동네가 숨겨지지 못할 것이요

답하기 :

Lesson2 | 복음1

2. 내게 가장 기쁜소식

마음열기

[공과목표]

1. 복음의 뜻을 무엇인지 알고 복음의 주체자가 누구인지 확실히 이해한다.

내게 가장 기쁜소식은 어떤 소식인가요?

말씀 살피기

1. 복음(福音)의 뜻을 아래 ______ 에 아는대로 기록해봅시다.

1) 福音(한자) 뜻: ____________________

2) GOOD NEWS(영어) 뜻: ____________________

3) εὐαγγέλιον(헬라어, 유앙겔리온) 뜻: ____________________

2. 복음은 먼저 누구를 통해 어디에 계시되었습니까? 또한 복음의 주인공은 누구이십니까?

마가복음 1:1 | 하나님의 아들 예수 그리스도의 복음의 시작이라 (마가복음 1:1)

로마서 1:2 | 이 복음은 하나님이 선지자들을 통하여 그의 아들에 관하여 성경에 미리 약속하신 것이라

3. 성경에서 예수님의 생애와 가르침을 기록한 책을 복음서라 합니다. 아래 _______를 채워봅시다.

복음서는 신약성경 27권중 4권으로 ______복음, ______복음, ______복음, ______복음으로 나뉘어져 있습니다. 이 복음서 중에 마태, 마가 누가복음을 ______복음이라 합니다.

열두 제자 들여다보기 ❷

관계 전도의 대표주자 빌립

[읽어볼 말씀]

사도행전 8:4~8 | 그 흩어진 사람들이 두루 다니며 복음의 말씀을 전할새 빌립이 사마리아 성에 내려가 그리스도를 백성에게 전파하니 무리가 빌립의 말도 듣고 행하는 표적도 보고 한마음으로 그가 하는 말을 따르더라 또는 많은 사람에게 붙었던 더러운 귀신들이 크게 소리를 지르며 나가고 또 많은 중풍병자와 못 걷는 사람이 나으니 그 성에 큰 기쁨이 있더라

확인하고 답하기~

1. 빌립이 나다나엘을 전도할 때 한 말은 무엇입니까?

2. 빌립은 어떤 성격을 지닌 사람이었습니까?

나누고 실천하기

1. 내가 좋아하는 부모님이나 친구들을 위해 생일같은 특별한 날에 깜짝 이벤트한 적이 있습니까? 친구가 감동받고 교회에 나올 수 있도록 깜짝 이벤트를 준비한다면 어떨까요? 친구를 전도하기위해 어떤 이벤트를 하면 좋을지 이야기해 봅시다.

2. 내가 예수님을 믿고 가장 달라진 점이 있다면 이야기를 나눠봅시다.

실천하기~

예수님을 믿는 우리는 어떻게 살아야 할까요?

데살로니가전서 5:16~18 | 항상 기뻐하라 쉬지 말고 기도하라 범사에 감사하라 이것이 그리스도 예수 안에서 너희를 향하신 하나님의 뜻이니라

답하기 :

Lesson3 | **복음2**

3. 세상에서 가장 큰 능력

마음열기

[공과 목표]

1. 복음에는 어떤 능력이 나타나는지 이해한다.
2. 바울은 복음을 전하는 것을 어떻게 생각했으며 어떤 각오로 전도했는지 이해한다.

어떤 능력을 갖고 싶은가요? 이야기를 나눠봅시다.

말씀 살피기

1. 사도 바울은 복음에 대해 어떻게 말하고 있는지 ____를 채워봅시다.

로마서 1:16~17 | 내가 복음을 부끄러워하지 아니하노니 이 복음은 모든 믿는 자에게 구원을 주시는 하나님의 능력이 됨이라 먼저는 유대인에게요 그리고 헬라인에게로다 복음에는 하나님의 의가 나타나서 믿음으로 믿음에 이르게 하나니 기록된 바 오직 의인은 믿음으로 말미암아 살리라 함과 같으니라

복음은 모든 믿는자에게 ______을 주시는 하나님의 ______이 되고 이 복음에는 하나님의 ____가 나타나서 믿음으로 ____에 이르게 한다.

2. 바울에 대한 아래의 말씀을 참고로 ____를 채워봅시다.

로마서 1:14~15 | 헬라인이나 야만인이나 지혜 있는 자나 어리석은 자에게 다 내가 빚진 자라 그러므로 나는 할 수 있는 대로 로마에 있는 너희에게도 복음 전하기를 원하노라

사도행전 20:24 | 내가 달려갈 길과 주 예수께 받은 사명 곧 하나님의 은혜의 복음을 증언하는 일을 마치려 함에는 나의 생명조차 조금도 귀한 것으로 여기지 아니하노라

바울은 하나님의 은혜로 구원받은 자신을 복음에 _______로 비유하였고 그 빚을 갚는 길은 오직 복음을 전하는 길이라 생각했습니다. 로마에 가기 원했던 이유도 바로 이 _______을 전하기 위함이었습니다. 또한 바울은 복음을 전하는 일을 위해서라면 자신의 ______까지도 귀하게 여기지 않겠다는 그의 고백에서 강한 복음전파 사명을 엿볼 수 있습니다.

열두 제자 들여다보기 ❸

편견을 벗어버린 나다나엘

[읽어볼 말씀]

요한복음 1:45~51 | 빌립이 나다나엘을 찾아 이르되 모세가 율법에 기록하였고 여러 선지자가 기록한 그이를 우리가 만났으니 요셉의 아들 나사렛 예수니라 나다나엘이 이르되 나사렛에서 무슨 선한 것이 날 수 있느냐 빌립이 이르되 와서 보라 하니라 예수께서 나다나엘이 자기에게 오는 것을 보시고 그를 가리켜 이르시되 보라 이는 참으로 이스라엘 사람이라 그 속에 간사한 것이 없도다 나다나엘이 이르되 어떻게 나를 아시나이까 예수께서 대답하여 이르시되 빌립이 너를 부르기 전에 네가 무화과나무 아래에 있을 때에 보았노라 나다나엘이 대답하되 랍비여 당신은 하나님의 아들이시요 당신은 이스라엘의 임금이로소이다 예수께서 대답하여 이르시되 내가 너를 무화과나무 아래에서 보았다 하므로 믿느냐 이보다 더 큰 일을 보리라 또 이르시되 진실로 진실로 너희에게 이르노니 하늘이 열리고 하나님의 사자들이 인자 위에 오르락 내리락 하는 것을 보리라 하시니라

확인하고 답하기~

1. 나다나엘은 누구에 의해 예수님을 만나게 되었습니까?

2. 나다나엘이 예수님을 만나고 난 뒤 했던 일은 무엇이었습니까?

나누고 실천하기

1. 누구에게 돈을 꿔본 적 있습니까? 또한 빚에 시달리는 주변의 이야기를 들어본 적 있습니까? 오랫동안 빚을 갚지 못한다면 어떤 일이 벌어질까요? 빚진 자는 어떤 의무가 있나요? 또한 바울은 왜 복음의 빚진 자라 고백했을까요? 서로 이야기해 봅시다.

2. 사도행전 20장 24절은 사도 바울의 굳은 다짐입니다. 예수님을 믿는 자로 어떻게 행동할지 다짐을 써서 서로 발표해봅시다.

실천하기~

예수님을 믿는 우리는 어떻게 살아야 할까요?

히브리서 10:25 | 모이기를 폐하는 어떤 사람들의 습관과 같이 하지 말고 오직 권하여 그 날이 가까움을 볼수록 더욱 그리하자

답하기 :

Lesson4 | 복음3

4. 드러난 비밀?

마음열기

[공과 목표]

1. 복음을 '드러난 비밀'이라고 말하는 이유를 이해한다.
2. 복음을 주신 이유와 복음을 전해야 하는 이유를 깨닫는다.

복음은 어떻게 드러나게 되었나요?

말씀 살피기

1. 복음은 어떻게 드러나게 되었는지 ______을 채워봅시다.

로마서 16:25~27 | 나의 복음과 예수 그리스도를 전파함은 영세 전부터 감추어졌다가 이제는 나타내신 바 되었으며 영원하신 하나님의 명을 따라 선지자들의 글로 말미암아 모든 민족이 믿어 순종하게 하시려고 알게 하신 바 그 신비의 계시를 따라 된 것이니 이 복음으로 너희를 능히 견고하게 하실 지혜로우신 하나님께 예수 그리스도로 말미암아 영광이 세세 무궁하도록 있을지어다 아멘

복음은 ______의 명령 따라 ______를 통하여 성경에 약속되어 졌었다.

2. 복음을 우리에게 주신 이유는 무엇이고, 복음을 전할 대상은 누구입니까?

3. 주제 말씀을 참고하여 아래 빈칸을 채워봅시다.

갈라디아서 1:11~12 | 형제들아 내가 너희에게 알게 하노니 내가 전한 복음은 사람의 뜻을 따라 된 것이 아니니라 이는 내가 사람에게서 받은 것도 아니요 배운 것도 아니요 오직 예수그리스도의 계시로 말미암은 것이라

복음은 ______의 뜻으로 된 것이 아니고, ______에게서 받은 것도 아니고, ______에게서 배운 것도 아니다. 오직 ______의 계시로 된 것이다.

복음을 글로 남긴 집필자 마태

[읽어볼 말씀]

마가복음 2:13~17 | 예수께서 다시 바닷가에 나가시매 큰 무리가 나왔거늘 예수께서 그들을 가르치시니라 또 지나가시다가 알패오의 아들 레위가 세관에 앉아 있는 것을 보시고 그에게 이르시되 나를 따르라 하시니 일어나 따르니라 그의 집에 앉아 잡수실 때에 많은 세리와 죄인들이 예수와 그의 제자들과 함께 앉았으니 이는 그러한 사람들이 많이 있어서 예수를 따름이러라 바리새인의 서기관들이 예수께서 죄인 및 세리들과 함께 잡수시는 것을 보고 그의 제자들에게 이르되 어찌하여 세리 및 죄인들과 함께 먹는가 예수께서 들으시고 그들에게 이르시되 건강한 자에게는 의사가 쓸 데 없고 병든 자에게라야 쓸 데 있느니라 나는 의인을 부르러 온 것이 아니요 죄인을 부르러 왔노라 하시니라

확인하고 답하기~

1. 마태가 예수님을 만나기 전 직업은 무엇이었나요?

2. 마가와 누가는 마태를 누구라고 불렀나요?

나누고 실천하기

1. 비밀이 왜 필요할까요? 서로 이야기해보고 내게는 어떤 비밀이 있는지도 이야기해 봅시다.

2. 오랫동안 숨겨졌다가 드러난 고대 유물이나 고서적, 그림등이 발굴되었을 때 어떤 변화가 일어나게 되나요?

실천하기~

예수님을 믿는 우리는 어떻게 살아야 할까요?

요한일서 2:15 | 이 세상이나 세상에 있는 것들을 사랑하지 말라 누구든지 세상을 사랑하면 아버지의 사랑이 그 안에 있지 아니하니 이는 세상에 있는 모든 것이 육신의 정욕과 안목의 정욕과 이생의 자랑이니 다 아버지께로부터 온 것이 아니요 세상으로부터 온 것이라

답하기 :

Lesson5 | **복음4**

5. 참된 복음과 거짓 복음

마음열기

[공과 목표]

1. 예수님이 12명의 제자들에게 주신 사명을 이해한다.
2. 거짓 복음이 무엇이고 거짓 복음의 기준이 무엇이며, 거짓 복음을 전하는 자에게는 어떤 일이 일어나는지 깨닫는다.

내가 거짓말한 적이 있다면 이야기해보고
또한 내가 다른 사람의 거짓말에 속아본 적이 있다면 이야기해 봅시다.

말씀 살피기

1. 예수님은 12명의 제자들에게 어떤 사명을 주셨습니까?

마가복음 16:15~16 | 또 이르시되 너희는 온 천하에 다니며 만민에게 복음을 전파하라 믿고 세례를 받는 사람은 구원을 얻을 것이요 믿지 않는 사람은 정죄를 받으리라

2. 바울은 복음을 전하는 것에 대해 어떻게 생각하였나요?

고린도전서 9:14~17 | 이와 같이 주께서도 복음 전하는 자들이 복음으로 말미암아 살리라 명하셨느니라 그러나 내가 이것을 하나도 쓰지 아니하였고 또 이 말을 쓰는 것은 내게 이같이 하여 달라는 것이 아니라 내가 차라리 죽을지언정 누구든지 내 자랑하는 것을 헛된 데로 돌리지 못하게 하리라 내가 복음을 전할지라도 자랑할 것이 없음은 내가 부득불 할 일임이라 만일 복음을 전하지 아니하면 내게 화가 있을 것이로다 내가 내 자의로 이것을 행하면 상을 얻으려니와 내가 자의로 아니한다 할지라도 나는 사명을 받았노라

3. 성경이 말한 복음 이외에 다른 복음이 또 있습니까? 성경은 만약 거짓된 다른 복음을 전파한다면 어떤 일이 생길 것이라 기록하고 있습니까?

갈라디아서 1:7~8 | 다른 복음은 없나니 다만 어떤 사람들이 너희를 교란하여 그리스도의 복음을 변하게 하려 함이라 그러나 우리나 혹은 하늘로부터 온 천사라도 우리가 너희에게 전한 복음 외에 다른 복음을 전하면 저주를 받을지어다

과격한 혁명가였던 시몬

[읽어볼 말씀]

누가복음 6:12~16 | 이 때에 예수께서 기도하시러 산으로 가사 밤이 새도록 하나님께 기도하시고 밝으매 그 제자들을 부르사 그 중에서 열둘을 택하여 사도라 칭하셨으니 곧 베드로라고도 이름을 주신 시몬과 그의 동생 안드레와 야고보와 요한과 빌립과 바돌로매와 마태와 도마와 알패오의 아들 야고보와 셀롯이라는 시몬과 야고보의 아들 유다와 예수를 파는 자 될 가룟 유다라

확인하고 답하기~

1. 시몬의 이름의 뜻은 무엇입니까?

2. 시몬은 어느 나라에 복음을 최초로 전하게 되었습니까?

나누고 실천하기

1. 억지로 시켜서 어쩔수 없이 하는 일이 있다면 이야기해 봅시다. 하기 싫지만 그럼에도 불구하고 내가 해야 하는 이유도 이야기해 봅시다.

2. 우리 주변에는 어떤 이단들이 있습니까? 혹시 이단과 접촉한 경험이 있다면 이야기해 봅시다.

3. 이번 주에 꼭 할 일
   cbs에서 방영된 8부작 다큐멘터리 '신천지에 빠진 사람들' 1, 2편을 꼭 시청하고 옵시다. 기독교방송(cbsco.kr)나 유튜브에 치면 됩니다.

실천하기~

예수님을 믿는 우리는 어떻게 살아야 할까요?

마태복음 22:37~40 | 예수께서 이르시되 네 마음을 다하고 목숨을 다하고 뜻을 다하여 주 너의 하나님을 사랑하라 하셨으니 이것이 크고 첫째 되는 계명이요 둘째도 그와 같으니 네 이웃을 네 자신 같이 사랑하라 하셨으니 이 두 계명이 온 율법과 선지자의 강령이니라

답하기 :

Lesson6 | 복음과 율법과의 관계

6. 바리새인과 세리의 기도

마음열기

[공과 목표]

1. 율법과 복음의 차이점을 이해한다.
2. 바른 믿음생활에 대해 안다.

세상에는 어떤 법들이 있습니까?

그 법이 필요한 이유를 서로 이야기해 봅시다.

말씀 살피기

★ **주제말씀**을 깊이 묵상하고 아래 질문에 답을 해봅시다.

1. 바리새인과 세리는 어떤 자세로 기도하였는가? 아래 빈칸을 채워봅시다.

누가복음 18:10~14 | 두 사람이 기도하러 성전에 올라가니 하나는 바리새인이요 하나는 세리라 바리새인은 서서 따로 기도하여 이르되 하나님이여 나는 다른 사람들 곧 토색, 불의, 간음을 하는 자들과 같지 아니하고 이 세리와도 같지 아니함을 감사하나이다 나는 이레에 두 번씩 금식하고 또 소득의 십일조를 드리나이다 하고 세리는 멀리 서서 감히 눈을 들어 하늘을 쳐다보지도 못하고 다만 가슴을 치며 이르되 하나님이여 불쌍히 여기소서 나는 죄인이로소이다 하였느니라 내가 너희에게 이르노니 이에 저 바리새인이 아니고 이 사람이 의롭다 하심을 받고 그의 집으로 내려갔느니라 무릇 자기를 높이는 자는 낮아지고 자기를 낮추는 자는 높아지리라 하시니라 (누가복음 18:10~14)

	바리새인	세리
기도자세	서서 따로 기도함	감히 눈을 들어 하늘을쳐다보지도 못하고 다만 가슴을 치며
기도내용	토색, 불의, 간음한자들과 같지 아니하고 ________와 같지 아니하여 감사하나이다. 이레의 두 번씩 _______하고 소득의 를 드리나이다	하나님이여 _______히 여기소서 나는 _______이로소이다
이들이 중요시한 것	형식과 행위	낮아짐과 진정한 마음
예수님의 판단	_______여김을 받지 못한다	_______여김을 받는다.

2. 율법과 복음은 어떤 관계가 있을까요?

율법은 우리를 그리스도 예수님께로 인도하는 (   )가 되어 (   )으로 의롭다 함을 얻게 하였다.

갈라디아서 3:23~27 | 믿음이 오기 전에 우리는 율법 아래에 매인 바 되고 계시될 믿음의 때까지 갇혔느니라 이같이 율법이 우리를 그리스도께로 인도하는 초등교사가 되어 우리로 하여금 믿음으로 말미암아 의롭다 함을 얻게 하려 함이라 믿음이 온 후로는 우리가 초등교사 아래에 있지 아니하도다 너희가 다 믿음으로 말미암아 그리스도 예수 안에서 하나님의 아들이 되었으니 누구든지 그리스도와 합하기 위하여 세례를 받은 자는 그리스도로 옷 입었느니라

작지만 작지 않은 제자 야고보

[읽어볼 말씀]

마가복음 15:40~41 | 멀리서 바라보는 여자들도 있었는데 그 중에 막달라 마리아와 또 작은 야고보와 요세의 어머니 마리아와 또 살로메가 있었으니 이들은 예수께서 갈릴리에 계실 때에 따르며 섬기던 자들이요 또 이 외에 예수와 함께 예루살렘에 올라온 여자들도 많이 있었더라

확인하고 답하기~

1. 알패오의 아들 야고보의 형제는 누구입니까?

2. 알패오의 아들 야고보의 직업은 무엇이었습니까?

나누고 실천하기

1. 이 세상은 법이 바뀌고 더 강화되고 새로운 법이 생겨나기도 합니다. 일명 최진실 법, 나영이 법등이 생겨난 이유가 무엇인지 서로 이야기해 봅시다.

2. 바리새인의 기도처럼 내가 외식적인 신앙의 모습을 가졌던 적이 있다면 이야기해 봅시다.

3. 이번 주에 꼭 할 일
   섬김과 순종의 삶을 살았던 믿음의 인물들을 인터넷에서 조사해보고
   그 내용을 다음주에 발표하기

실천하기~

예수님을 믿는 우리는 어떻게 살아야 할까요?

에베소서 5:8 | 너희가 전에는 어둠이더니 이제는 주 안에서 빛이라 빛의 자녀들처럼 행하라

답하기 :

Lesson7 | **전도1**

7. 복음을 전하는 것이 전도다!

마음열기

[공과 목표]

1. 전도란 무엇인지 깨닫는다.
2. 예수님께서 우물가의 여인에게 전도한 내용을 배운다.

짝사랑에 마음이 아파본 적 있나요?

말씀 살피기

★ **주제말씀**을 깊이 묵상하고 아래 질문에 답을 해봅시다.

1. 예수님은 우물가 여인에게 하나님은 어떤 자를 찾으시며, 예배는 어떻게 드려야 한다고 말씀하셨습니까? (찾아읽기:요한복음 4장 23~24절)

2. 우물가 여인은 예수님이 메시야이심을 알고 어떻게 행동하였습니까?

요한복음 4:28~30 | 여자가 물동이를 버려 두고 동네로 들어가서 사람들에게 이르되 내가 행한 모든 일을 내게 말한 사람을 와서 보라 이는 그리스도가 아니냐 하니 그들이 동네에서 나와 예수께로 오더라 (요한복음 4:28~30)

3. 골로새서 1장 23~25절 말씀을 읽고 괄호를 채워봅시다.

골로새서 1:23~24 | 만일 너희가 믿음에 거하고 터 위에 굳게 서서 너희 들은 바 복음의 소망에서 흔들리지 아니하면 그리하리라 이 복음은 천하 만민에게 전파된 바요 나 바울은 이 복음의 일꾼이 되었노라 나는 이제 너희를 위하여 받는 괴로움을 기뻐하고 그리스도의 남은 고난을 그의 몸된 교회를 위하여 내 육체에 채우노라 내가 교회의 일꾼 된 것은 하나님이 너희를 위하여 내게 주신 직분을 따라 하나님의 말씀을 이루려 함이니라

바울은 골로새 성도들에게 (　　　　　)의 소망에서 흔들리지 말 것을 권면하고 있습니다. 또한 자신은 (　　　　　)의 일꾼이 되었다고 말하고 있습니다.

열두 제자 들여다보기 ❼

사랑스러운 제자 다대오

[읽어볼 말씀]

요한복음 14:22~23 | 가룟인 아닌 유다가 이르되 주여 어찌하여 자기를 우리에게는 나타내시고 세상에는 아니하려 하시나이까 예수께서 대답하여 이르시되 사람이 나를 사랑하면 내 말을 지키리니 내 아버지께서 그를 사랑하실 것이요 우리가 그에게 가서 거처를 그와 함께 하리라

확인하고 답하기~

1. 다대오라는 이름은 뜻은 무엇인가요?

나누고 실천하기

1. '복음을 전하는 것' 을 '전도' 라고 합니다. 나는 누구로부터 전도 받았습니까? 또한 내가 전도한 사람이 있다면 어떻게 전도하였는지 이야기해 봅시다.

2. 올해 우리 교회 전도 목표가 있습니까? 있다면 구체적으로 몇 명인지, 어떤 계획이 세워졌는지 살펴보고 어떤 노력을 기울여야 할지도 이야기를 나눠봅시다.

실천하기~

예수님을 믿는 우리는 어떻게 살아야 할까요?

야고보서 1:2~3 | 내 형제들아 너희가 여러 가지 시험을 당하거든 온전히 기쁘게 여기라 이는 너희 믿음의 시련이 인내를 만들어 내는 줄 너희가 앎이라

답하기 :

Lesson8 | 전도2

8. 세상에서 가장 중요한 일

마음열기

[공과 목표]

1. 부활하신 주님께서 베드로에게 주신 사명에 대해 이해한다.
2. 전도보다 귀한 사명은 없다는 것을 깨닫고 전도(복음전파)의 범위와 대상 그리고 어떤 노력을 기울여야할지도 깨닫는다.

나에게 있어 가장 소중한 일은 무엇인지 BEST3를 골라보세요.

말씀 살피기

주제 말씀 |

그들이 조반 먹은 후에 예수께서 시몬 베드로에게 이르시되 요한의 아들 시몬아 네가 이 사람들보다 나를 더 사랑하느냐 하시니 이르되 주님 그러하나이다 내가 주님을 사랑하는 줄 주님께서 아시나이다 이르시되 내 어린 양을 먹이라 하시고 또 두 번째 이르시되 요한의 아들 시몬아 네가 나를 사랑하느냐 하시니 이르되 주님 그러하나이다 내가 주님을 사랑하는 줄 주님께서 아시나이다 이르시되 내 양을 치라 하시고 세 번째 이르시되 요한의 아들 시몬아 네가 나를 사랑하느냐 하시니 주께서 세 번째 네가 나를 사랑하느냐 하시므로 베드로가 근심하여 이르되 주님 모든 것을 아시오매 내가 주님을 사랑하는 줄을 주님께서 아시나이다 예수께서 이르시되 내 양을 먹이라 (요한복음 21:15~18)

★ **주제말씀**을 깊이 묵상하고 아래 질문에 답을 해봅시다.

1. 부활하신 예수님께서 베드로에게 나타나셔서 '내 양을 먹이라', '내 양을 치라' 하셨는데 이것은 베드로에게 어떤 사명을 주신 것일까요?

2. 아래 성경말씀은 부활하신 예수님께서 제자들에게 명령하신 말씀입니다. 성경에서 말씀을 찾아서 아래 빈칸을 채워봅시다.

사도행전 1장 8절 말씀

오직 ______이 너희에게 임하시면 너희가 권능을 받고 예루살렘과 온 유대와 사마리아와 땅 끝까지 이르러 내 ______이 되리라 하시니라

마태복음 28장 18~20절 말씀

예수께서 나아와 말씀하여 이르시되 하늘과 땅의 모든 ______를 내게 주셨으니 그러므로 너희는 가서 ________을 ____로 삼아 아버지와 아들과 성령의 이름으로 세례를 베풀고 내가 너희에게 분부한 모든 것을 ___________ 볼지어다 내가 세상 끝날까지 너희와 항상 함께 있으리라 하시니라

열두 제자 들여다보기 ❽

예수님을 배반한 제자 가룟유다

[읽어볼 말씀]

마태복음 27:3~8 | 그 때에 예수를 판 유다가 그의 정죄됨을 보고 스스로 뉘우쳐 그 은 삼십을 대제사장들과 장로들에게 도로 갖다 주며 이르되 내가 무죄한 피를 팔고 죄를 범하였도다 하니 그들이 이르되 그것이 우리에게 무슨 상관이냐 네가 당하라 하거늘 유다가 은을 성소에 던져 넣고 물러가서 스스로 목매어 죽은지라 대제사장들이 그 은을 거두며 이르되 이것은 핏값이라 성전고에 넣어 둠이 옳지 않다 하고 의논한 후 이것으로 토기장이의 밭을 사서 나그네의 묘지를 삼았으니 그러므로 오늘날까지 그 밭을 피밭이라 일컫느니라

확인하고 답하기~

1. 가룟유다가 예수님의 제자로 있을 때 그의 직책은 무엇이었습니까?

2. 예수님을 배반한 가룟유다의 최후는 어떻게 되었습니까?

나누고 실천하기

1. 나는 어떤 역할을 감당하고 있습니까? 그곳에서 내가 주로 할 일은 무엇입니까?

구분	내 신분	역할
학교에서		
집에서		
교회에서		
기타(　　　　)		

실천하기~

예수님을 믿는 우리는 어떻게 살아야 할까요?

로마서 1:7 | 로마에서 하나님의 사랑하심을 받고 성도로 부르심을 받은 모든 자에게 하나님 우리 아버지와 주 예수 그리스도로부터 은혜와 평강이 있기를 원하노라

고린도전서 1:2~3 | 고린도에 있는 하나님의 교회 곧 그리스도 예수 안에서 거룩하여지고 성도라 부르심을 받은 자들과 또 각처에서 우리의 주 곧 그들과 우리의 주 되신 예수 그리스도의 이름을 부르는 모든 자들에게 하나님 우리 아버지와 주 예수 그리스도로부터 은혜와 평강이 있기를 원하노라

답하기 :

Lesson9 | **전도3**

9. 내 친구를 교회로 데려오자

마음열기

[공과 목표]

1. 세상을 향한 하나님의 목표가 무엇인지 깨닫는다.
2. 빌립이 어떻게 전도했는지 이해한다.

내가 계획한 하루 일과 중 가장 중요하게 생각하는 것과 별로 중요하다고 생각하지않는 것은 무엇이 있나요? 이야기를 나눠 봅시다.

말씀 살피기

★ **주제말씀**을 깊이 묵상하고 아래 질문에 답을 해봅시다.

1. 빌립은 나다나엘을 어떻게 전도했나요?

요한복음 1:45~46 | 빌립이 나다나엘을 찾아 이르되 모세가 율법에 기록하였고 여러 선지자가 기록한 그이를 우리가 만났으니 요셉의 아들 나사렛 예수니라 나다나엘이 이르되 나사렛에서 무슨 선한 것이 날 수 있느냐 빌립이 이르되 와서 보라 하니라

2. 예수님을 만난 나다나엘은 예수님에 대해 어떻게 고백하고 있습니까?

(찾아읽고 답하기:요한복음 1장 49절)

3. 하나님께서 예수님을 이 땅에 보내신 이유는 무엇입니까?

요한복음 3:16 | 하나님이 세상을 이처럼 사랑하사 독생자를 주셨으니 이는 그를 믿는 자마다 멸망하지 않고 영생을 얻게 하려 하심이라

4. 예수님이 이 땅에 오신 목적은 무엇입니까?

누가복음 19:10 | 인자가 온 것은 잃어버린 자를 찾아 구원하려 함이니라

5. 에베소서 6장 19절 말씀을 찾아 빈칸을 채워봅시다.

또 나를 위하여 구할 것은 내게 (　　　　)을 주사
나로 입을 열어 (　　　　)의 비밀을
담대히 알리게 하옵소서 할 것이니

예수님의 수제자 베드로

[읽어볼 말씀]

요한복음 21:15~17 | 그들이 조반 먹은 후에 예수께서 시몬 베드로에게 이르시되 요한의 아들 시몬아 네가 이 사람들보다 나를 더 사랑하느냐 하시니 이르되 주님 그러하나이다 내가 주님을 사랑하는 줄 주님께서 아시나이다 이르시되 내 어린 양을 먹이라 하시고 또는 것들보다 또 두 번째 이르시되 요한의 아들 시몬아 네가 나를 사랑하느냐 하시니 이르되 주님 그러하나이다 내가 주님을 사랑하는 줄 주님께서 아시나이다 이르시되 내 양을 치라 하시고 세 번째 이르시되 요한의 아들 시몬아 네가 나를 사랑하느냐 하시니 주께서 세 번째 네가 나를 사랑하느냐 하시므로 베드로가 근심하여 이르되 주님 모든 것을 아시오매 내가 주님을 사랑하는 줄을 주님께서 아시나이다 예수께서 이르시되 내 양을 먹이라

확인하고 답하기~

1. 베드로는 예수님이 잡혀가셨을 때, 어떤 모습을 보였습니까?

2. 베드로의 마지막 순교의 모습은 어떠했습니까?

나누고 실천하기

1. 내가 좋아하거나 소중한 사람이 있습니까? 그 사람이 누구이며, 왜 소중한지 서로 이야기해 봅시다.

2. 나의 소중한 사람이 아직 복음을 받아들이지 않고 있다면 나는 어떻게 행동해야 할까요?

실천하기~

예수님을 믿는 우리는 어떻게 살아야 할까요?

골로새서 3:23 | 무슨 일을 하든지 마음을 다하여 주께 하듯 하고 사람에게 하듯 하지 말라

답하기 :

Lesson10 | 전도4

10. 전도자 빌립의 전도

마음열기

[공과 목표]

1. 빌립이 에디오피아 내시를 전도하게된 과정과 결과를 배운다.
2. 하나님께서 전도의 사명을 이루시기 위해 어떤 능력(표적)을 주셨는지 배운다.

빌립 할아버지는 지금 어떻게 하면 더 많은 영혼에게 복음을 전할까 고민하고 계시네요. 꼭 전도해야 할 나의 친구는 누구인가요?

말씀 살피기

★ **사도행전 8장 26~40절**까지의 말씀을 찾아 읽고 답하세요.

1. 빌립은 누구의 지시를 받고 있습니까? 또한 성령께서 무엇을 지시하셨습니까? (26절, 29절)

2. 에디오피아 내시가 이사야의 글을 읽고 깨닫지 못한 이유는 무엇입니까? (31절)

3. 빌립은 에디오피아 내시에게 어떻게 지도해주었습니까?(35절)

4. 예수님은 복음전파의 사명을 주시며 믿음 약한 제자들에게 믿는 자는 어떤 능력이 있다고 말씀하셨는지 다섯 가지로 적어보시오.

마가복음 16:17~18 | 믿는 자들에게는 이런 표적이 따르리니 곧 그들이 내 이름으로 귀신을 쫓아내며 새 방언을 말하며 뱀을 집어올리며 무슨 독을 마실지라도 해를 받지 아니하며 병든 사람에게 손을 얹은즉 나으리라 하시더라 (마가복음 16:17~18)

첫번째 순교의 열매 야고보

[읽어볼 말씀]

마가복음 10:35~38 | 세베대의 아들 야고보와 요한이 주께 나아와 여짜오되 선생님이여 무엇이든지 우리가 구하는 바를 우리에게 하여 주시기를 원하옵나이다 이르시되 너희에게 무엇을 하여 주기를 원하느냐 여짜오되 주의 영광중에서 우리를 하나는 주의 우편에, 하나는 좌편에 앉게 하여 주옵소서 예수께서 이르시되 너희는 너희가 구하는 것을 알지 못하는도다 내가 마시는 잔을 너희가 마실 수 있으며 내가 받는 세례를 너희가 받을 수 있느냐

확인하고 답하기~

1. 예수님께서 야고보에게 지어주신 별명은 무엇이었나요?

2. 야고보는 후에 어떻게 죽게 되었나요?

나누고 실천하기

1. 내게 남다른 재능이나 능력이 있다면 서로 이야기해 봅시다.

2. 전도대상자를 적어보고 함께 기도하며 어떻게 전도할지 이야기 나눠봅시다.

이름	학교	학년/반	연락처	노력여부

실천하기~

예수님을 믿는 우리는 어떻게 살아야 할까요?

요한복음 17:17 | 그들을 진리로 거룩하게 하옵소서 아버지의 말씀은 진리니이다

답하기 :

Lesson11 | 전도5

11. 전도하는 것은 부끄러운 일이 아니야!

마음열기

[공과 목표]

1. 복음전하는 것은 부끄러운 일이 아니고 위대한 사명임을 깨닫는다.
2. 내 가족과 주변부터 전도하자.

지금 눈 앞에 물에 빠진 사람이 있다면
나는 다음의 세 사람 중 어떤 사람인가요?

말씀 살피기

1. 복음을 전하는 것(전도)을 부끄럽다고 생각한 적이 있습니까? 바울은 복음을 무엇이라 말하고 있습니까?

로마서 1:16 | 내가 복음을 부끄러워하지 아니하노니 이 복음은 모든 믿는 자에게 구원을 주시는 하나님의 능력이 됨이라 첫째는 유대인에게요 또한 헬라인에게로다

2. 전도하기 위해 필요한 최고의 전략은 ________ 입니다.

골로새서 4:3 | 또한 우리를 위하여 기도하되 하나님이 전도할 문을 우리에게 열어 주사 그리스도의 비밀을 말하게 하시기를 구하라 내가 이 일 때문에 메임을 당하였노라

3. 사마리아 여인은 누구부터 전도했습니까?

요한복음 4:39 | 여자의 말이 그가 나의 행한 모든 것을 내게 말하였다 증거하므로 그 동네 중에 많은 사마리아인이 예수를 믿는지라

마가복음 5:19 | 허락지 아니하시고 저에게 이르시되 집으로 돌아가 주께서 네게 어떻게 큰 일을 행하사 너를 불쌍히 여기신 것을 네 친속에게 고하라 하신대

4. 전도의 1차적인 목표는 예수님께 데려오는 것입니다. 다시말해 전도는 (   )에 나오게 해서 (   )을 믿게 하는 일입니다.

요한복음 1:45~46 | 빌립이 나다나엘을 찾아 이르되 모세가 율법에 기록하였고 여러 선지자가 기록한 그이를 우리가 만났으니 요셉의 아들 나사렛 예수니라 나다나엘이 이르되 나사렛에서 무슨 선한 것이 날 수 있느냐 빌립이 이르되 와서 보라 하니라

열두 제자 들여다보기 ⑪

사랑의 메신저로 변화된 요한

[읽어볼 말씀]

요한일서 4:18~19 | 사랑 안에 두려움이 없고 온전한 사랑이 두려움을 내쫓나니 두려움에는 형벌이 있음이라 두려워하는 자는 사랑 안에서 온전히 이루지 못하였느니라 우리가 사랑함은 그가 먼저 우리를 사랑하셨음이라

확인하고 답하기~

1. 사도 요한이 기록한 성경은 무엇이고 총 몇 권일까요?

2. 요한을 부르는 다른 명칭은 무엇인가요?

나누고 실천하기

1. 우리교회에서 학생부 전도를 위한 행사가 있으면 이야기해보고 그 행사의 장단점을 서로 나눠봅시다.

2. 내가 작정한 태신자를 위해 함께 중보하며 기도합시다.

실천하기~

예수님을 믿는 우리는 어떻게 살아야 할까요?

요한복음 8:12 | 예수께서 또 말씀하여 이르시되 나는 세상의 빛이니 나를 따르는 자는 어둠에 다니지 아니하고 생명의 빛을 얻으리라

답하기 :

Lesson12 | **전도 역할극**

12. 친구야, 기쁜소식을 전해줄게

마음열기

[공과 목표]
오른쪽의 전도내용을 가지고 둘씩 짝을 지어 연습해 본다. 한 명은 내용을 전달하고 한 명은 그 내용을 듣는다. 다 마치고 서로 역할을 바꿔서 다시 해본다.
역할극을 하면서 전도내용을 숙지하고 실제로 나의 친구를 전도하자.

지금까지 살면서 가장 값진 선물은 무엇입니까?

[실제 전도 역할극 실습하기]

1. 전도할 친구 리스트를 작성한 후, 서로 어떤 친구인지 발표하고 기도요청을 한다.
2. 아래의 복음제시 내용을 반복해서 읽고 내용을 충실하게 익히고 숙지한다.
3. 둘씩 짝을 지어 실제로 복음을 전하는 실습을 해본다.
4. 이후 연습한 대로 실제 전도대상자에게 복음을 전한다.

1단계

친구야, 우리 인생에는 확실히 인정할 수밖에 없는 세 가지가 있단다.
첫째, 언젠가 죽게 돼.
둘째, 언제 죽게 될지 몰라.
셋째, 죽음이 끝이 아니야.
여기서 너가 인정하지 않는게 있니?
죽음은 끝이라고? 아니야. 성경엔 분명 죽음 뒤에 심판이 있다고 말씀하고 있어.
성경말씀 히브리서 9장 27절 말씀 **"한번 죽는 것은 사람에게 정해진 것이요 그 후엔 심판이 있으리니"** 우리는 반드시 죽게 돼. 그리고 그 뒤엔 심판이 있어.

2단계

그렇다면 우리가 어떻게 생겨났을까? 궁금하지 않니?
또한 왜 죽게 되었는지 궁금하지않니?
성경에 보면 하나님께서 에덴동산에서 천지와 인간을 창조하셨다고 말씀하고 계셔.
그땐 영원한 행복과 기쁨을 누리며 살았어. 그런데 인간은 사단의 꾀임에 빠져 하나님 말씀에 불순종함으로 죄를 짓게 되었지. 결국 에덴동산에서 하나님과 사람 사이에 아름답고 행복한 관계가 깨져 버렸어. 그래서 사람은 고통 속에 늙고 죽어서 지옥에 갈 수밖에 없는 운명에 처해지게 되었단다. 성경말씀 로마서 5장 12절 말씀에 보면 **"그러므로 한 사람으로 말미암아 죄가 세상에 들어오고 죄로 말미암아 사망이 들어왔나니 이와 같이 모든 사람이 죄를 지었으므로 사망이 모든 사람에게 이르렀느니라"**
이 말씀을 한마디로 정리하면 영원히 행복하던 우리가 죄로인해 하나님과 관계가 단절되었고, 결과적으로 육체적 사망과 영원한 사망이 오게 된거야.

3단계

그래서 죄없는 인간은 한 사람도 없게 되었고 성경말씀 로마서 3장 10절에도 **"기록된 바 의인은 없나니 하나도 없으니"**라고 기록하고 있어. 이 말은 죄인이 아닌 사람은 단 한사람도 없다는 말이야.
넌 죽음이 두렵지 않니? 그래. 누구나 죽음 그 이후에 대해 두려움을 갖고 있어. 인정하지? 그래서 인간은 영생하는 방법에 대해 많이 연구하고 노력을 했었단다.
어떤 사람은 착하게, 선하게 살면 된다고 생각해서 선한 일을 많이 하기도 하고, 많은 학문과 철학과 과학을 빌어 영생의 비밀을 캐내려 하고 있지.
또한 무수한 종교들이 생겨나서 저마다 구원의 길이 있다고 말하고 있어. 하지만 성경을 보면 사람의 노력과 능력으로 결코 구원받을 수 없다고 말하고 있어. 누구나 죄인이듯 죄문제가 해결되지 않고서 결코 하나님께 나갈 수 없고 천국에 갈 수 없어.

4단계

그럼 우리는 어떻게 해야 죄 문제를 해결 받고 구원을 받을 수 있을까? 죄 문제를 해결해 주실 분은 오직 하나님밖에 없으셔. 구원의 길로 이끄실 분도 역시 하나님밖에 없으셔. 하나님은 우리를 사랑하시기 때문에 죄 문제를 해결해주시려고 구원받을 길을 열어주셨어. 그래서 독생자 예수님을 이 세상 가운데 보내주셨던 거야.

요한복음 3장 16절 말씀에 **"하나님이 세상을 이처럼 사랑하사 독생자를 주셨으니 이는 그를 믿는 자마다 멸망하지 않고 영생을 얻게 하려 하심이라"**

예수님은 우리의 죄를 대신 사해주시기 위해 십자가에 달려 죽으셨어. 날 대신해서 죽으신 대속적 죽음으로 우리가 살게 된거야. 그래서 하나님은 날 위해 피흘려 죽으신 예수님만 믿으면 영생의 길, 구원의 길로 나갈 수 있도록 길을 열어주셨어.

요한복음 14장 6절에 예수님께서 **"…내가 곧 길이요 진리요 생명이니 나로 말미암지 않고는 아버지께로 올 자가 없느니라"** 기록하고 있어. 예수님만 믿으면 구원 받게 돼.

또한 로마서 10장 9절에 **"네가 만일 네 입으로 예수를 주로 시인하며 또 하나님께서 그를 죽은 자 가운데서 살리신 것을 네 마음에 믿으면 구원을 받으리라"** 기록하고 있어.

너는 죽어서 천국에 가고 싶니? 아니면 지옥에 가고 싶니? 너는 소중한 내 친구니 당연히 나와 함께 천국에 가야겠지. 그렇다면 방법은 단 한가지, 그 길도 단 한가지.

네 입으로 예수님을 나의 주님으로 인정하고, 예수님을 믿을수 있도록 함께 노력해야 해. 나도 네가 믿음을 가질 수 있도록 기도할게.

일단, 나와 같이 교회에 가자. 교회는 예수님을 믿음으로 영생의 길을 확실하게 제시해주고, 믿음을 갖게 하는 아름다운 모임이야. 교회는 예수님께서 친히 우리를 위해 세워 주신거야. 친구야, 아직 믿어지지 않을 수 있어. 하지만 함께 노력하자. 내가 너를 위해 기도할게.

[친구 영혼구원을 위한 기도]

하나님, 사랑하는 친구 00를 붙잡아 주세요. 이 친구는 정말 소중한 친구입니다.

반드시 예수님을 믿고 구원받게 도와주세요.

지금은 예수님을 믿지 못하겠지만, 성령님께서 친히 도와주셔서 믿음을 갖게 하여 주세요. 교회에 잘 나오며 믿음을 쌓아갈 수 있도록 도와주세요.

예수님의 이름으로 기도드렸습니다. 아멘.

2. 아래 성경말씀에서 괄호를 채웁시다.

로마서 10:9~10 | 네가 만일 네 입으로 (   )를 주로 시인하며 또 하나님께서 그를 죽은 자 가운데서 살리신 것을 네 마음에 믿으면 (   )을 받으리라 사람이 마음으로 믿어 의에 이르고 입으로 (   )하여 구원에 이르느니라

열두 제자 들여다보기 ⑫

의심 많았던 제자 도마

[읽어볼 말씀]

요한복음 20:27~29 | 도마에게 이르시되 네 손가락을 이리 내밀어 내 손을 보고 네 손을 내밀어 내 옆구리에 넣어 보라 그리하여 믿음 없는 자가 되지 말고 믿는 자가 되라 도마가 대답하여 이르되 나의 주님이시요 나의 하나님이시니이다 예수께서 이르시되 너는 나를 본 고로 믿느냐 보지 못하고 믿는 자들은 복되도다 하시니라

확인하고 답하기~

1. 도마의 성격은 어떠했습니까?

2. 도마는 예수님께서 부활하셨다는 소식을 들었을 때 어떻게 반응했습니까?

나누고 실천하기

1. 친구 전도를 위해 기도시간을 갖는다.

실천하기~

예수님을 믿는 우리는 어떻게 살아야 할까요?

빌립보서 1:27~28 | 오직 너희는 그리스도의 복음에 합당하게 생활하라 이는 내가 너희에게 가 보나 떠나 있으나 너희가 한마음으로 서서 한 뜻으로 복음의 신앙을 위하여 협력하는 것과 무슨 일에든지 대적하는 자들 때문에 두려워하지 아니하는 이 일을 듣고자 함이라 이것이 그들에게는 멸망의 증거요 너희에게는 구원의 증거니 이는 하나님께로부터 난 것이라

답하기 :

"청소년 바로세우기 시리즈 커리큘럼"

Teen G3 0단계 1~4권(1년차 52주과정)
1권 믿음생활 시작하기 Start! (믿음의 기초 이해하기)
2권 복음의 기초 다지기 Start! (죄와 구원)
3권 믿음의 습관 길들이기 Start! (다양한 관계 속에서 믿음생활)
4권 성경인물 따라하기 Start! (믿음생활을 배우고 삶 속에 적용하는 과정)
총 4권 48과로 1년동안 배울 수 있도록 기획하였습니다.

Teen G3 1, 2단계 [복음+전도](2년차 1/4주과정 12주)
1권 친구야 기쁜소식을 전하고 싶어 Start!(복음을 알고 복음을 전하자)

*시리즈는 계속 출간됩니다.

Teen G3 0단계 1권 믿음생활 시작하기

단계	제목(주제말씀)	배울내용	스토리텔링	핵심성경구절
0단계 1권	1. 내가 살아가는 이유? (창1:26~28)	삶의 목적	베드로를 부르시는 예수님	고전10:31, 사43:7
	2. 교회는 왜 다녀야 하나요? (마16:16~18)	교회	베드로의 신앙고백	요4:24, 시50:23
	3. 성경은 어떤 책인가요? (딤3:16~17)	성경	내 양을 먹이라	눅24:27, 고후13:3
	4. 예배는 왜 드려야 하나요? (요4:24)	예배1	아브라함의 순종	시57:17, 요4:24, 시50:23
	5. 예배는 어떻게 드려야 하나요? (롬12:1)	예배2	나아만장군 이야기	롬12:1, 신4:15~19
	6. 안식일이 왜 주일이 되었나요? (눅24:1~3)	주일의미	다니엘의 믿음	요20:19, 신5:13~14, 호6:6
	7. 주일은 하나님께 구별하여 드리는 날이에요(창2:3)	주일성수	엘리야의 기적	창2:3, 사58:13
	8. 하나님은 어떤 분이신가요? (요일4:8)	하나님	말라기 선지자이야기	창6:6~7, 출3:14, 시90:2
	9. 예수님은 누구신가요? (빌2:6~8)	예수님	앉은뱅이를 일으킨 능력	요1:1, 요20:31, 눅5:32
	10. 성령님은 누구신가요? (행1:8)	성령님1	오순절 성령강림사건	행1:8, 고전12:11, 요3:5~8
	11. 성령님은 어떤 일을 하시나요? (요14:26)	성령님2	바울의 동역자들	롬8:11, 요16:13, 요3:5
	12. 우리가 죄인인가요? (요일3:4)	죄	눈물로 회개한 다윗왕	신8:1, 신29:9, 롬14:23

Teen G3 0단계 2권 복음의 기초 다지기

단계	제목(주제말씀)	배울내용	스토리텔링	핵심성경구절
0단계 2권	1. 내가 할 수 없는 것 (롬3:23~24)	인간	부활하신 예수님	잠27:1, 전3:11, 요14:6
	2. 원죄란 무엇인가요? (창2:16~17)	죄문제1	요나 이야기	롬5:19, 약4:17, 창3:5~6
	3. 아담의 죄가 왜 우리의 죄가 되었나요? (롬5:12)	죄문제2	노아의 홍수	행17:26, 롬5:18~19, 창3:17
	4. 죄로인해 우리는 어떻게 변질되었나요? (롬3:23)	죄문제3	구원받은 삭개오	롬1:21~23, 히9:27, 롬6:23
	5. 예수님, 회개합니다 (행2:37~38)	회개	위로의 아들 바나바	롬5:12, 사1:18, 행2:37
	6. 예수님을 소개합니다 (마16:16)	예수님1	예수님의 탄생 이야기	마16:16, 마1:16, 요20:31
	7. 예수님은 왜 이 땅에 오셨나요?(요3:16)	예수님2	베드로의 신앙고백	눅5:32, 마20:28, 롬10:19
	8. 예수님의 핵심 다섯가지 (빌2:5~11)	예수님3	제자들의 발을 씻겨주신 예수님	마1:23, 롬3:25~26 행1:8~9
	9. 예수님의 능력 (요11:25~26)	예수님4	요한과 야고보 이야기	눅8:24, 요11:25~26
	10. 구원받는 방법 (롬10:9~10)	구원	부자와 나사로 이야기	히10:25, 히4:12, 마7:7~8
	11. 예수 믿게된 것은 대박이다 (행2:42~47)	거듭남	백부장의 믿음	요1:12~13, 고후5:17
	12. 교회에서 신앙생활하는 방법(엡1:22~23)	신앙생활	바울과 바나바 이야기	엡5:29~30, 엡1:23, 행2:42~47

Teen G3 0단계 3권 믿음의 습관 길들이기

단계	제목(주제말씀)	배울내용	스토리텔링	핵심성경구절
0단계 3권	1. 믿음은 행동이야~ (마5:13~16)	믿음이란	바울의 믿음	히11:1~2, 롬10:17, 약2:26
	2. 말씀읽기부터 시작하자 (요20:30~31)	말씀읽는습관	사단의 세가지 시험	신17:19, 계1:3, 시1:2~3
	3. 밥먹을때만 기도하지마 (약1:6~7)	기도하는습관	한나의 기도	요일5:14, 시66:18~20 눅18:11~13
	4. 전도는 즐거운 일이야~ (마28:18~20)	전도하는습관	사울의 회심	딤전2:4, 눅15:7, 마28:18~20, 행1:8
	5. 입술에 파수꾼을 세우라 (약3:2)	바른언어사용 습관	솔로몬의 지혜	약3:5~12, 마15:11, 잠18:21
	6. 말씀따라 행동하자 (골3:23~24)	말씀따라 행동하는 습관	선한 사마리아인	신28:1~6, 골3:23~24, 빌2:3~4, 벧전4:10
	7. 하나님의 영광을 위해 하라 (고전10:31)	하나님 목적위해 사는 습관	스데반의 순교	잠9:10, 고전10:31, 잠3:1~4
	8. 상대적 빈곤감을 극복하라 (벧전3:3~4)	비교의식 버리는 습관	예수님의 산상설교	삼상16:7, 전1:2~3, 눅18:24~27
	9. 우리는 제품이 아니라 작품이다(창2:7)	자존감회복하기	점치는 여종을 고쳐준 바울	창1:27~28, 사41:10, 시121:1
	10. 현대의 영적 드라빔, 스마트폰 (창35:1~5)	스마트폰 길들이기1	놋뱀을 바라본 자들	창35:1~5, 창31:19
	11. 스마트폰 중독현상을 극복하라 (엡4:22~24)	스마트폰 길들이기2	발람 선지자 이야기	엡4:22~24, 약4:7 고전6:9~10
	12. 이단을 경계하라 (갈1:7)	이단 바로 알고 경계하기	루스드라에서의 전도	딛3:10, 갈1:7

Teen G3 0단계 4권 성경인물 따라하기

단계	제목(주제말씀)	배울내용	그것이 알고싶다
0단계 4권	1. 가인과 아벨의 제사vs아나니아와 삽비라심판(창4:1~10, 행5:1~11)	온전한예배, 하나님께 정직함	한경직 목사님 이야기1
	2. 노아의 순종 vs 사도 요한의 인내(창6:1~8, 계 22:18~21)	순종과 인내	한경직 목사님 이야기2
	3. 욥의 시험 vs 예수님의 시험(욥 1:1, 마 4:1~11)	시험극복의 지혜	한경직 목사님 이야기3
	4. 아브라함의 믿음 vs 백부장의 믿음(창 12:1~4, 눅 7:1~11)	하나님께 맡기는 믿음	한경직 목사님 이야기4
	5. 야곱 vs 수로보니게 여인의 믿음(창 32:22~28, 마15:21~28)	포기하지 않는 믿음	언더우드 선교사 이야기1
	6. 요셉의 용서 vs 삭개오의 회개(창 45:1~5, 눅 19:1~10)	용서와 회개	언더우드 선교사 이야기2
	7. 모세 vs 야고보와 요한의 어머니(출 4:10~17, 마 20:20~28)	믿음의 리더십	언더우드 선교사 이야기3
	8. 여호수아의 믿음 vs 바울의 믿음(수 1:1~9, 행 13:44~52)	두려움 버리고 말씀의지하기	언더우드 선교사 이야기4
	9. 라합의 믿음 vs 과부의 두렙돈(수 2:1~11, 눅 21:1~4)	믿음과 온전한 정성	손양원 목사님 이야기1
	10. 다윗의 회개 vs 음행한 여인의 용서(시 51:1~12, 요 8:1~11)	회개의 방법	손양원 목사님 이야기2
	11. 엘리야의 믿음 vs 바울과 실라의 믿음(왕상18:36~40, 행16:25~34)	믿음은 기적을 일으킨다	손양원 목사님 이야기3
	12. 믿음의 좋은 습관에 길들여지자(눅22:39~41)	믿음의 습관	손양원 목사님 이야기4

Teen G3 0단계 1, 2단계(복음+전도)

단계	제목(주제말씀)	배울내용	12제자 살펴보기	핵심성경구절
1 2단계 1권 복음+전도	1. 나는 그리스도인인가?(행11:25~26)	그리스도인	사랑의 전달자 안드레	마4:17, 롬10:9, 막10:21
	2. 내게 가장 기쁜소식 (막1:1, 롬1:2)	복음1	관계전도의 대표주자 빌립	막1:1, 롬1:2
	3. 세상에서 가장 큰 능력 (롬1:16~17)	복음2	편견을 벗어버린 나다나엘	롬1:14~15, 행20:24
	4. 드러난 비밀? (롬16:25~26)	복음3	복음을 글로 기록한 마태	갈1:11~12, 막2:13~17
	5. 참된 복음과 거짓 복음(막16:15~16)	복음4	과격한 혁명가였던 시몬	고전9:14~17, 갈1:7~8
	6. 바리새인과 세리의 기도 (눅18:10~14)	복음과 율법과의 관계	작지만 작지않은 제자 야고보	갈3:23~27, 눅18:10~14
	7. 복음을 전하는 것이 전도다!(요4:28~30)	전도1	사랑스러운 제자 다대오	골1:23~25, 요14:22~23
	8. 세상에서 가장 중요한 일 (요21:15~18)	전도2	예수님을 배반한 제자 가룟유다	행1:8, 마28:18~20
	9. 내 친구를 교회로 데려오자 (요1:45~46)	전도3	예수님의 수제자 베드로	요3:16, 눅19:10
	10. 전도자 빌립의 전도 (행8:26~40)	전도4	첫번째 순교의 열매 야고보	막16:17~18, 막10:35~38
	11. 전도하는 것은 부끄러운 일이 아니야! (롬1:16)	전도5	사랑의 메신저로 변화된 요한	골4:3, 롬1:16, 요4:39 막5:19
	12. 친구야, 기쁜소식을 전하고 싶어(롬10:9~10)	전도6	의심 많았던 제자 도마	롬10:9~10, 요20:27~29

정신일 목사

정신일 목사는 오랫동안 청소년과 청년 사역을 통해 젊은이들과 호흡해 온 목회자이다. 하나님이 주신 아름다운 감성으로 대학시절 집필한 〈메시아전쟁〉 이라는 단편이 일간스포츠에서 주관한 대중문학상에 입상한 바가 있고, 대학 졸업 후에는 영화 전문잡지 취재기자로, 기독교계통 신문의 칼럼리스트로 활동하기도 했다. 또한 대한예수교 장로회(대신) 여름성경학교 집필위원으로 3년간 교재를 집필하기도 했다.
현재는 크리스천리더출판사와 크리스천리더학교의 대표이며 기쁨의 교회 (joy1.co.kr)를 개척하여 즐겁게 목회하는 개척교회 목사이기도 하다.
안양대학교 기독교 교육학을 전공하였고, 동 대학원에서 목회학(M. Div.) 성경학(Th.M)을 전공했다.

주요저서: 「여호수아처럼 뛰어라」, 「수험생 100일 큐티」, 「수능큐티」, 「복음큐티」, 「나를 위한 값진 십자가」, 「파워포인트와 그림 시청각설교 시리즈」 등 총 20여종의 저서가 있다.